AF411008

BOB & JOË

FOLIE EN UN ACTE

PAR

ANDRÉ MONSELET

PARIS

TRESSE ET STOCK, ÉDITEURS

8, 9, 10, 11, GALERIE DU THÉATRE-FRANÇAIS

PALAIS-ROYAL

—

1886

BOB ET JOË

FOLIE EN UN ACTE

A LA MÊME LIBRAIRIE

IMPRIMERIE GÉNÉRALE DE CHATILLON-SUR-SEINE. — A. PICHAT.

BOB ET JOË

FOLIE EN UN ACTE

PAR

ANDRÉ MONSELET

PARIS

TRESSE & STOCK, ÉDITEURS

8, 9, 10, 11, GALERIE DU THÉATRE-FRANÇAIS

PALAIS-ROYAL

1886

PERSONNAGES

RAOUL DE CHAMPERSIL, 26 ans.
MAX DOUBLAS, écossais, 28 ans.
BOB
JOÉ } grooms anglais, 23 ans.

La scène se passe de nos jours.

Indications. — Bob et Joë, domestiques anglais, portent la livrée et le chapeau à cocarde. Raoul de Champersil et Max Doublas, gentlemen, gardent le pardessus clair entr'ouvert sur l'habit
noir. Tandis que Raoul de Champersil est un personnage exu-
bérant, Max Doublas est correct ; Bob et Joë sont flegmatiques.

Pour plus de distinction entre ces personnages, Bob et Joë
doivent jouer le rôle — le visage enfariné — à la manière des
Hanlon-Lees, et avec un fort accent britannique. Toute fantaisie
est plus qu'autorisée.

Le décor étant peu facile à exécuter, il suffira d'aviser le pu-
blic du lieu où se passe l'action, soit par une annonce, soit par
une affiche.

BOB ET JOË

La scène représente le vestibule des valets de pied à l'Opéra.

SCÈNE PREMIÈRE

BOB, JOÉ.

Ils arpentent la scène de long en large.

JOÉ, s'arrêtant et appelant Bob.

Bob ?

BOB, répondant à Joë.

Joé !

JOÉ, avec l'accent anglais.

Voulez-vous m'écouter ?

BOB.

Yes !

Il s'arrête.

JOÉ.

La baronne était dans son loge ?

BOB.

Yes ! (Il se remet en marche, puis, s'arrêtant, appelle :) Joë !

JOÉ, *répondant à Bob.*

Bob !

il marche de nouveau.

BOB, *même accent anglais.*

Voulez-vous causer avec moi?

JOÉ.

Ouè !

Il s'arrête.

BOB.

La princesse occupait son baignoire ?

JOÉ.

Ouè !

BOB.

That's well.

JOÉ.

All right.

Tous deux reprennent leur manège.

JOÉ, *s'arrètant et appelant Bob.*

Bob !

BOB, *répondant à Joë.*

Joé !

JOÉ.

Vous êtes *furious?*

BOB, *s'arrètant.*

Yes.

JOÉ.

A cause de Jenny.

BOB.

La petite Jenny, de London — *Westminster Street* —
Yes !

JOÉ.

C'était pas raisonnable.

BOB.

Comment, pas raisonnable.

JOÉ.

Nô — elle avait dit qu'elle m'aimait.

BOB.

Pas possible! A moi aussi.

JOÉ.

Nô.

BOB.

Si.

JOÉ.

Nô.

BOB.

Si.

JOÉ.

Vraiment?

BOB.

Indeed !

JOÉ.

Oh ! donnez-moi alors le *Shake-hand.*

BOB.

With pleasure.

JOÉ.

Yes. *Vigorous.*

BOB.

Ouè ! Très fort, très fort.

JOÉ.

Voulez-vous le raccommodement?

BOB.

Je demandais pas mieux.

JOÉ.

That's well.

BOB.

All right ! (Après un instant.) Et maintenant parlons peu, mais parlons français : — nous sommes à Paris.

JOÉ, avec l'accent anglais plus accentué.

Périss !

BOB, reprenant.

Paris !

JOÉ.

Si tu veux — je voulais pas te fâcher.

BOB.

Tu parles mal.

JOÉ.

Peut-être. mais je pense bien.

BOB.

Very good.

JOÉ, à son tour.

Nô — pas *very good* — très bien.

BOB.

Ouè! Tu as raison. Donne-moi le poignée de main.

JOÉ.

Si ça te fait plaisir.

BOB.

Plus fort.

JOÉ.

Assez.

BOB.

A présent, écoute : j'ai un secret à te dire.

JOÉ.

Moi aussi.

BOB.

Toi aussi.

JOÉ.

Moi aussi.

BOB.

Alors, ça fait deux secrets.

JOÉ.

Non.

BOB.

Comment, nò?

JOÉ.

Non — c'est le mème.

BOB.

Pas possible.

JOÉ.

Indeed.

BOB.

Nò — pas *indeed !* en vérité.

JOÉ.

Si tu veux.

BOB.

Et quel est ce secret ?

JOÉ.

Dis voir.

BOB.

Dis toi.

JOÉ.

Toi d'abord.

BOB.

J'aime mieux toi.

JOÉ.

J'ose pas.

BOB.

Ose tout de même.

JOÉ.

C'était énorme.

BOB.

Comme moi.

JOÉ, soupirant.

J'étais... amoureux.

BOB, avec un soupir de satisfaction.

Ah!

JOÉ.

Oui.

BOB.

C'était comme moi.

JOÉ, même manège.

Ah!

BOB.

Oui.

JOÉ.

De Léonie, la femme de chambre de la baronne.

BOB.

Et moi, de Julie, la camériste de la princesse.

JOÉ.

Ah!

BOB.

Oui.

JOÉ.

C'était exagéré, en effet.

BOB.

Certainly.

JOÉ.

Certainement — tu voulais dire.

BOB.

Ouè ! (Après un instant.) Et Jenny ?

JOÉ.

Jenny ! — elle aimait aussi, de son côté... un troisième, un quatrième, un vingtième, un centième... je savais ça.

BOB.

Oh!

JOÉ.

C'était son nature, comme ça.

BOB, indigné.

Shocking !! (Après une pause.) Joé!

JOÉ.

Bob!

BOB.

J'ai une idée.

JOÉ.

Moi aussi.

BOB.

Toi aussi.

JOÉ.

Moi aussi.

BOB.

C'était trop, deux idées.

JOÉ.

Nò — c'était la mème.

BOB.

Encore !

JOÉ.

Pas possible.

BOB.

Dis voir.

JOÉ.

Nô, pas dire : faisons.

Ils échangent leur livrée.

BOB.

Oh — c'est *ingenious!*

JOÉ.

Très fort, très fort.

BOB.

Et maintenant, je suis aux ordres de la princesse.

JOÉ.

Et moi de la baronne.

BOB.

Ma Julie!

JOÉ.

Ma Léonie !

BOB.

C'était pas plus difficile que ça.

JOÉ.

That's well.

BOB.

All right!

Ils s'éloignent.

SCÈNE II

RAOUL DE CHAMPERSIL, MAX DOUBLAS.

RAOUL, entrant en scène au bras de Max.

Ainsi vous croyez, mon cher Max, que votre parti est le meilleur, le plus sage, qu'il faut le suivre enfin.

MAX, froidement.

J'en suis persuadé.

RAOUL.

J'aurais mieux aimé autre chose.

MAX.

Sans doute, mais nous n'avons pas le choix des moyens. Quand la forteresse est imprenable d'assaut, on agit par ruse.

RAOUL.

A merveille! Mais récapitulons.

MAX.

Soit.

RAOUL.

J'adore la baronne.

MAX.

Je suis fou de la princesse.

RAOUL.

A son dernier — comment dites-vous cela en anglais — five ocloc-que tea!

MAX, avec accent.

Five oclock tea!

RAOUL.

C'est cela. Or, à son dernier... machin, j'ai eu l'honneur de lui être présenté. Quelle femme, mon ami! Elle

est ravissante, délirante, — comment dites-vous cela en
anglais ? — elle est... selectede.

MAX, avec pur accent.

Very selected !

RAOUL.

C'est bien cela. Alors, je me suis approché d'elle, adroitement, et lui ai murmuré : Baronne! Elle m'a répondu:
M. de Champersil! Nous en sommes restés là, mais je l'aime,
je ne vois plus qu'elle, je ne vis plus que par elle...

MAX, toujours froidement.

C'est comme moi pour la princesse.

RAOUL.

Ah !

MAX.

J'ai été reçu dans le *Family-Hotel* où elle descend d'or-
dinaire à Paris, car la princesse habite *London* et *Brighton*
selon la *season*.

RAOUL.

Si vous voulez.

MAX.

Quelle créature, mon cher! Nous avons parlé chevaux,
écuries tout le temps.

RAOUL, à part.

Est-ce assez écossais cette façon d'aimer!

MAX.

Elle m'a invité aussitôt à son prochain *rallye-paper*.

RAOUL.

Ah, vraiment.

MAX.

C'était là où je voulais en venir.

RAOUL.

Très fort, très malin.

MAX.

Vous comprenez?

RAOUL.

.... Pas du tout.

MAX, froidement.

C'est la même chose. (Après un instant.) Quand tout à coup, sans que je sache pourquoi...

RAOUL, continuant.

Sans que j'en devine le motif...

MAX.

. Ce soir...

RAOUL.

Tout à l'heure...

MAX.

Pendant un entr'acte des *Huguenots*...

{RAOUL.}

Pendant le même entr'acte.

MAX.

C'est à peine si la princesse me salue...

RAOUL.

Si la baronne daigne me reconnaître...

MAX, indigné.

Oh !

RAOUL, de même.

C'est insensé, c'est... — Comment dites-vous cela en anglais?

MAX.

Unimaginable...

RAOUL.

Tiens, en français aussi: inimaginable.

MAX.

Si vous voulez! (Après un instant.) Pourtant le prince n'é-tait pas dans la loge...

RAOUL.

Le baron était absent...

MAX.

Quand même !

RAOUL.

C'est à n'y rien comprendre.

MAX.

Extraordinary !

RAOUL.

Comme vous dites.... Aussi n'ai-je qu'un but.

MAX.

Moi aussi.

RAOUL.

Revoir la baronne...

MAX.

Et moi la princesse !

RAOUL.

Et lui dire :

ENSEMBLE.

Je vous aime!

RAOUL.

Elle est si jolie, la baronne !

MAX.

Si ravissante la princesse ! Aussi la revoir encore...

RAOUL.

Et mourir !

MAX, froidement.

Non. pas mourir.

RAOUL, se reprenant.

Non pas mourir, mais la revoir encore...

MAX.

Et tout de suite.

RAOUL.

C'est cela. (A part.) Oh ! ces Écossais!

MAX.

Donc le meilleur parti est bien celui que je vous indiquais tout à l'heure.

RAOUL.

Revêtir la livrée du laquais.

MAX.

De son laquais.

RAOUL.

Moi, un Champersil! endosser la lévite du valet de pied.

MAX.

De son valet de pied...

RAOUL.

Enfin, puisque nous n'avons pas le choix des armes,

MAX.

Soumettons-nous.

RAOUL.

C'est égal, j'aurais préféré l'échelle de corde... Ainsi, du temps des croisés...

MAX.

Trop moyen âge!... Tandis qu'une fois sur le siège de la voiture, nous gagnons le cocher à prix d'or...

RAOUL.

Et la campagne à toutes brides.

MAX.

Non, pas la campagne, le boulevard.

RAOUL.

Soit.

MAX.

Enfin nous nous retrouvons...

RAOUL.

Au *Carrefour de la Croix Rouge!*

MAX.

Trop romantique !

RAOUL.

Je le regrette.

MAX.

Nous nous retrouvons.... chez Bignon! C'est plus moderne.

RAOUL.

Un enlèvement.

MAX.

Aux truffes !

RAOUL.

A l'œuvre donc!

MAX.

Attention, voici les deux Ruy-Blas.

Bob et Joé paraissant dans le fond.

RAOUL.

Bien, emparons-nous de leurs personnes et jetons-les dans les oubliettes du château.

MAX.

Non — trop romantique !

RAOUL.

Tant pis.

MAX.

Causons adroitement.

RAOUL.

La ruse, j'ai compris. Gagnons-les à notre cause.

MAX.

Parfait !

RAOUL.

Une, deux, trois !

MAX.

Hip, hip, hip, — hurrah !
> En même temps Max et Raoul se prennent la main et se découvrent.

SCÈNE III

RAOUL DE CHAMPERSIL, MAX DOUBLAS, BOB, JOÉ.

BOB, dans le fond du théâtre.

L'air national de la Patrie !

JOÉ, de même.

Dieu protège la Reine !
> Bob et Joé se découvrent également.

RAOUL, à Bob et Joé.

Holà, vous autres ?

MAX.

Approchez !
> Bob et Joé descendent.

RAOUL.

Tu es au service de la baronne ?

JOÉ.

Yes !

MAX.

Et toi au service de la princesse ?

BOB.

Oui !

RAOUL.

Ton nom ?

JOÉ.

Joé.

MAX.

Le tien ?

BOB.

Bob.

RAOUL, à Joé.

Eh bien, écoute : En 1356 — tu n'étais pas né — lord Murray — il n'avait que quinze ans ! fit bâtonner un de ses laquais pour lui avoir dérobé une bouteille de sherry.

MAX, à Bob.

A mon tour ! En 1462 — tu n'étais pas encore né — milord Cromwell, premier du nom ! saluez ! — fit jeter à la Tamise son fidèle cocher qui avait trompé sa légitime confiance.

RAOUL.

Les deux victimes, il faut l'avouer, échappèrent à la mort par miracle et vinrent s'établir à Paris, rue aux Ours.

MAX.

Autre temps, autres mœurs !

RAOUL.

La révolution nous a mis sur le même pied.

MAX.

Le pied de Charlemagne.

RAOUL, à Joé.

Or, voici ce que je te dis.

MAX.

Ouvre tes deux oreilles.

Jeu de scène : chacun parle à voix basse à l'autre. Pantomime expressive.

BOB.

Vous voulez rire.

JOÉ.

Plaisanterie.

RAOUL, à Joé.

Sur mon âme, donne-moi cette livrée et ma vie t'appartient.

MAX, à Bob.

Je t'offre la moitié de ma fortune.

BOB.

Je préfère !

RAOUL.

Moi aussi, je t'offre la moitié de sa fortune !

MAX.

C'est dit.

JOÉ.

Un instant que je consulte Bob.

BOB.

Une minute que je demande l'avis de Joé.

Tous deux s'éloignent.

RAOUL, à part.

Je ne sais qui me retient d'assommer ces drôles.

MAX, de même.

Trop romantique : — calmez-vous.

BOB, à part.

J'ai une idée.

JOÉ.

Moi aussi.

BOB.

Je sais, toujours la même.

JOÉ.

Ouè.

BOB.

Echangeons le costume — et partons.

JOÉ.

Renoncer à notre amour !

BOB.

Au contraire, aller au-devant.

JOÉ.

Very well. J'ai compris...

BOB.

Bien joué, Marguerite !

JOÉ.

Non, Léonie !

BOB, à part.

Stupide.

JOÉ.

Yes, yes !

Bob et Joé quittent leur livrée.

RAOUL, à part.

Ils consentent, ô joie !

MAX.

A merveille !

BOB, se rapprochant de Max.

Donnez !

JOÉ, se rapprochant de Raoul.

Faites vite !

BOB.

N'oubliez pas le contremarque.

RAOUL.

C'est juste. Ils vont s'offrir un petit air des *Huguenots*.
Raoul et Max ont changé leur tenue contre celle de Bob et Joé.

MAX.

Et maintenant, *good night !*

RAOUL.

Bonsoir, bonsoir !
Il accompagne Bob et Joé.

BOB et JOÉ, se retournant.

Good bye !

RAOUL.

Amusez-vous bien.

MAX.

Ne vous endormez pas.
Sortie.

SCÈNE IV

RAOUL DE CHAMPERSIL, MAX DOUBLAS.

RAOUL.

Drôle d'idée que vous avez eue là, mon cher Max.

MAX.

Croyez, mon ami, mon cher ami — *my dear* — qu'elle est excellente.

RAOUL.

Mais quelle tournure ?

MAX.

Vous êtes très bien.

RAOUL.

Si l'on peut dire. Un Champersil, dans ce costume ; — si mes aïeux me voyaient.

MAX.

Puisqu'ils ne vous voient pas.

RAOUL.

Mais la baronne, elle, me verra.

MAX.

Elle deviendra folle.

RAOUL.

Vous croyez. Mais la princesse ?

MAX.

Elle tombera à mes genoux.

RAOUL.

Vous vous faites des illusions.

MAX.

Nó — voyez Ruy-Blas ?

RAOUL.

Mais ces choses-là n'arrivent qu'au théàtre.

MAX.

Erreur.

RAOUL.

Tenez, il me semble vous voir au cercle un soir de Revue.

MAX.

Jouant la *Grève des Cochers*.

RAOUL.

Il ne nous manque plus que de danser une gigue.

MAX.

Ou de chanter un refrain de matelot.

UNE VOIX, à la cantonade.

Le valet de pied de la baronne Morzileuil !

RAOUL.

C'est moi ! on m'appelle. — O surprise ! ô bonheur ! je vais donc la voir.

Sortie.

MÊME VOIX, à la cantonade.

Le valet de pied de la princesse Repeintaneuff !

MAX.

C'est moi ! je vais me trouver devant elle. O délices !

Sortie.

RAOUL, rentrant.

Un billet, son écriture ! je ne l'ai jamais vue, mais je la devine.

MAX, rentrant à son tour.

Des pattes de mouches de la princesse. Son parfum ! je ne l'ai jamais senti, mais je ne me trompe pas.

RAOUL.

Lisons.

MAX.

Voyons.

RAOUL, lisant.

Ramenez la voiture : je rentrerai à pied. (Haut.) — Hein !

MAX, lisant.

Partez, je rentrerai seule. (Haut.) Quoi !

RAOUL, regardant Max.

Trompé.

MAX, regardant Raoul.

Yes, trompé !

RAOUL et MAX, avec indignation.

Oh !

Ils arpentent la scène.

RAOUL, s'arrêtant.

Il ne sera pas dit qu'un Champersil aura été joué cette façon.

MAX, de même.

Je chercherai un nouveau moyen.

RAOUL.

En anglais ? j'en ai assez.

MAX.

En français, si vous voulez.

RAOUL.

Eh bien ?

MAX.

J'ai trouvé.

RAOUL.

Oh ! ces Ecossais ! (A part.) Je m'en méfie à présent.

MAX, songeant.

Elle rentrera seule.

RAOUL, de même.

A pied.

MAX.

Il faut les suivre.

RAOUL.

C'est juste. Cette idée ne serait pas venue à un invalide !

MAX.

Mais pas une minute à perdre.

RAOUL.

En avant !

RAOUL.

Mais j'y songe : cette tenue ?...

MAX.

Ridicule.

RAOUL.

Nous voilà dans l'impossibilité de faire un pas.

MAX.

Nous sommes tout à fait absurdes — vous surtout.

RAOUL.

Comment, moi?

MAX.

Oui, parce que je ne me vois pas.

RAOUL.

Ah bien, heureusement !

MAX.

Il faut reprendre nos vêtements.

RAOUL.

C'est là le *hic*.

MAX.

Rentrons dans la salle.

RAOUL.

Y pensez-vous? On ne nous laissera jamais pénétrer.

MAX.

Essayons tout de même.

RAOUL, sortant avec Max.

Quand je vous disais, mon cher Max, que votre idée me semblait mauvaise.

MAX.

Vous n'en aviez pas du tout. Elle était meilleure que la vôtre.

RAOUL.

En êtes-vous bien sûr?

MAX.

Venez vite.

Sortie.

SCÈNE V

BOB, JOÉ, ils rentrent par le côté opposé.

BOB, son costume est quelque peu fané.

Ce cigare était *delicious*.

JOÉ. Bob et Joé sont légèrement enivrés.

Le champagne aussi était *very good*.

BOB.

Et mon truc, il était aussi très réussi.

JOÉ.

Ah oui, le petit billet.

BOB.

Je rentrerai à pied.

Eclat de rire.

JOÉ.

Pendant que nous, là-haut...

BOB.

Nous étions reçus comme deux gentlemen.

JOÉ.

Très bien reçus.

BOB.

La princesse était enivrante.

JOÉ.

Délirante, la baronne.

BOB,

Ma Julie !

JOÉ.

Ma Léonie !

BOB.

Le champagne aussi était enivrant.

JOÉ.

Oui, nous sommes enivrés tout à fait.

BOB.

Elle m'a appelé tout le temps : Vicomte!

JOÉ.

Et moi, très cher, cher bon !

BOB.

Avec cela, une toilette !

JOÉ.

Très décolletée, tout à fait décolletée.

BOB.

Ravissante créature !

JOÉ.

Adorable.

BOB.

Plus belle que Jenny.

JOÉ.

Encore plus belle, yes.

BOB.

Elle m'a dit des choses...

JOÉ.

Je suis charmé.

BOB.

Grisé.

JOÉ.

Yes, grisé : c'est cela !

BOB.

Délicieuse soirée !

JOÉ.

Cigare exquis !

BOB, apercevant Raoul et Max.

Attention, des larbins ; éloignons-nous !

SCÈNE VI

RAOUL DE CHAMPERSIL, MAX DOUBLAS, BOB, JOE.

RAOUL, saisissant Joé au collet.

Ah ! brigand !

MAX, saisissant de même Bob.

Ah ! scélérat !

RAOUL.

Rends-moi bien vite mon habit.

Il déshabille Joé.

MAX.

Quittez ce pardessus.

Même jeu.

JOÉ.

Doucement.

BOB.

Je voulais bien, à présent.

RAOUL, ôtant sa livrée.

Et reprends ta livrée, Ruy-Blas !

MAX, même jeu, froidement.

Collignon !

JOÉ.

Doucement.

RAOUL.

Qu'est-ce à dire, maroufle! (A part.) Ah! la bonne heure, il me semble que je redeviens moyen âge. J'ai du sang de croisé dans les veines. (A Max.) Ah ! mon ami!

MAX, reprenant son costume.

My dear.

RAOUL, de même.

J'en ai appris de belles.

MAX.

Moi aussi.

RAOUL.

D'abord, je me suis fait reconnaître de l'inspecteur de la salle...

MAX.

J'ai interrogé le contrôleur.

RAOUL.

Imaginez-vous...

MAX.

Figurez-vous...

RAOUL.

Que la princesse...

MAX.

Que la baronne...

RAOUL et MAX.

Ne sont pas venus de la soirée au théâtre!...

RAOUL.

Et que nous avons salué...

TOUS DEUX.

Leurs femmes de chambre!..

RAOUL.

C'est ridicule.

MAX.

Nò, c'était drôle ! (Se retournant vers Bob et Joé.) Je les ferai chasser.

RAOUL.

Nous vous ferons chasser, manants.

BOB, s'approchant.

Alors, je dirai tout.

JOÉ, de même.

Yes, nous dirons tout.

RAOUL.

Bigre !

MAX.

Le voilà, le ridicule. Je le sentais.

RAOUL.

N'hésitons pas.

MAX.

Parlons net.

RAOUL, à Joé.

Mon petit Joé !

MAX, à Bob.

Little Bob !

BOB.

Vous serez muet ?

JOÉ.

Bouche close ?

RAOUL.

C'est entendu.

MAX.

Compris.

BOB.

That's well.

JOÉ.

All right!

RAOUL.

Mais expliquez-nous…

BOB.

Volontiers.

MAX.

La princesse ?

JOÉ.

Partie brusquement pour London.

RAOUL.

La baronne ?

BOB.

Pris l'express de Monte-Carlo.

RAOUL.

Mais alors dans leurs loges ?

MAX.

A leur place.

BOB.

Julie, la camériste, ma bien-aimée.

JOÉ.

Léonie, mon amoureuse.

RAOUL.

A merveille. c'est bien cela.

MAX.

Je comprends tout.

RAOUL.

Mais le billet ?…

MAX.

Yes, le billet... Partez seul.

RAOUL.

Je rentrerai à pied...

BOB, ennuyé.

Ah! le billet.

JOÉ, de même.

Oui, le billet.

BOB.

C'était nous.

RAOUL.

Quoi, drôles! quoi, manants! Cette fois, je vous ferai jeter au ruisseau...

MAX.

Yes.

RAOUL.

Dans un sac, pieds et poings liés...

BOB.

Alors je parlerai.

JOÉ.

Je dirai tout.

MAX.

Aïe!

RAOUL.

Non, non. — Mon petit Bob.

Il lui saute au cou.

MAX, même jeu, plus froid.

Little Joé!

BOB.

That's well.

JOÉ.

All right!

RAOUL, s'approchant de Max.

C'est égal, mon cher ami, je crois que nous avons frisé
le ridicule.

MAX.

La frisure est légère, elle ne tiendra pas.

RAOUL.

Vous croyez ?

MAX.

J'en suis sûr !

RAOUL, appelant Joé.

Joé !

MAX, même jeu.

Bob !

BOB et JOÉ, ôtant leurs chapeaux.

God save the queen !

TOUS LES QUATRE, se tenant la main.

Hip, hip, hip. — hurrah !

FIN

IMPRIMERIE GÉNÉRALE DE CHATILLON-SUR-SEINE. — A. PICHAT.

DERNIÈRES PIÈCES PUBLIÉES

	fr.	c.
Le Cid, o. 4 a........	2	»
Mon Oncle, c. 3 a....	2	»
Une Cause célèbre, d. 5 parties...........	2	»
Les Noces d'un réserviste, c.-v. 4 a.......	2	»
En grève, d. 5 a......	2	»
Cherchons papa, v. 3 a.	2	»
Pervenche, o. c. 3 a.	2	»
Les Français au Tonkin, d. 5 a.............	2	»
La Vie mondaine, o. c. 4 a................	2	»
Rip, o. c. 3 a........	2	»
Tabarin, o. 2 a......	1	»
Les Petites Godin, c. 3 a................	2	»
Le Grand Mogol, opéra-bouffe, 4 a.........	2	»
Le Chevalier Mignon, o. c. 3 a.............	2	»
Babolin, o. c. 3 a....	2	»
Carnot, d. 5 a........	2	»
Ki-ki-ri-ki, japoniaiserie, 1 a.............	1	»
Jemmapes, d. 4 a......	2	»
Pedro de Zalaméa, o. 4 a.................	1	»
Fanfreluche, o. c. 3 a.	2	»
L'Ami d'Oscar, o. c. 1 a.	1	50
Gillette de Narbonne, o. c. 3 a.............	2	»
Fanfan-la-Tulipe, o. c. 3 a................	2	»
Le Cœur et la Main, o. c. 3 a.............	2	»
Il ne faut pas dire: fontaine..., pièce 1 a.	1	»
Le Tribut de Zamora, o. 4 a................	2	»
L'Ablette, c. 1 a......	1	50
Le Terrible Bonnivet, c. v. 1 a.............	1	50
Trois Valets, c. 1 a...	1	»
C'est le professeur, c. v. 1 a.............	1	»
Le Temps perdu, c 1. a.	1	»

	fr.	c.
Les Petites Voisines, c.-v. 3 a..............	2	»
Coup de Soleil, c. 1 a.	1	50
Racine à Port-Royal, c. 1 a..............	1	»
La Flamboyante, c. 3 a.	2	»
Manon, o. c. 5 a......	1	»
Corneille et Richelieu, c. 1 a. en vers......	1	»
Diana, d. 5 a........	2	»
La Dormeuse éveillée, o. c. 3 a...........	2	»
Le Roi de carreau, o. c. 3 a..............	2	»
La Nuit de noces de P. L. M., c. 1 a.......	1	»
L'Affaire de Viroflay, c. 3 a..............	2	»
Les Grands Enfants, c. 3 a................	2	»
Madame est jalouse, c. 1 a................	1	50
Kléber, d. 5 a........	2	»
L'Heure du berger, c. v. 3 a..............	2	»
Les Honnêtes Femmes, c. 1 a..............	1	50
Les Corbeaux, c. 1 a. (in-8)...............	4	»
Ambra! d. 5 a. en v. (in-8)...............	4	»
La Navette, c. 1 a....	1	50
Henry VIII, o. 4 a....	1	»
Le Droit d'ainesse, o.-b. 3 a................	2	»
Le Truc d'Arthur, c. 3 a.	2	»
Coquelicot, o. c. 3 a..	2	»
Galante Aventure, o. c. 3 a................	1	50
Hérodiade, o. 4 a.....	1	»
Les Locataires de M. Blondeau, c. 5 a....	2	»
Les Mousquetaires au couvent, o. c. 3 a ...	2	»
La Mascotte, o. c. 3 a.	2	»
Le Lapin, c. 3 a......	2	»
L'Article 7, c. 3 a.	1	»

	fr.	c.
Sigurd, o. 4 a........	1	»
Caïn, d. 5 a..........	2	»
Le Petit Chaperon rouge opérette, 3 a........	2	»
Une Nuit de noces, f. v. 1 a................	1	»
Virginie, c. 1 a.......	1	»
Le Gant de Marcelle, c. 1 a................	1	»
Les Distractions de papa, c. 1 a........	1	»
Les Terreurs de Jarnicoton, c. v. 1 a......	1	»
La Serinette de Jeannot, c v. 1 a...........	1	»
L'Oiseau bleu, o. c. 3 a.	2	»
Madame Boniface, o. c. 3 a................	2	»
La Vie facile, c. 3 a..	2	»
Le Bel Armand, c. 3 a.	2	»
Le Parisien, c. 3 a....	2	»
Madame Favart, o. c. 3	2	»
Les Boussigneul, v. 3 a.	2	»
Le Huis clos, c. 1 a...	1	50
Les Femmes qui fument, c. 1 a.	1	50
Le Consolateur, c. 1 a.	1	50
Les Parisiens en province, c. 4 a........	2	»
Le Téléphone, v. 1 a...	1	50
Les Pommes d'or, opér. féerie, en 3 a. 12 tab.	2	»
Deux Orages! c. 1 a.	1	»
La Princesse des Canaries, o. b. 3 a......	2	»
Le Réveil de Vénus, c. 3 a................	2	»
La rue Bouleau, c. 3 a.	2	»
L'Amour médecin, o. c. 3 a................	1	»
Nos députés en robes de chambre, c. 5 a...	2	»
Casse-Museau, d. 5 a.	2	»
La Villa Blancmignon, c. 4 a..............	2	»
Lequel? c. 3 a........	1	»

Paris. — Imp. G. Rougier et Cie, rue Cassette, 1.